KB021618

지식산업센터의 핵심을 담은 입문서

지식산업센터
백문백답

지식산업센터의 핵심을 담은 입문서

지식산업센터
백문백답

펴 낸 날   2021년 10월 22일

지 은 이   최필주
펴 낸 이   이기성
편집팀장   이윤숙
기획편집   이지희, 윤가영, 서해주
표지디자인   이지희
책임마케팅   강보현, 김성욱
펴 낸 곳   도서출판 생각나눔
출판등록   제 2018-000288호
주   소   서울 잔다리로7안길 22, 태성빌딩 3층
전   화   02-325-5100
팩   스   02-325-5101
홈페이지   www.생각나눔.kr
이 메 일   bookmain@think-book.com

• 책값은 표지 뒷면에 표기되어 있습니다.
  ISBN 979-11-7048-295-6 (03320)

지식산업센터의 핵심을 담은 입문서

지식산업센터 백문백답

최필주 지음

생각나눔

머리말

　시중에 지식산업센터와 관련된 도서는 차고 넘친다. 대부분 비슷한 이야기를 하고 있으며, 책을 펼치면 지식산업센터의 정의부터 각종 법률까지 친절하게 설명하고 있다. 작가의 입장에서 해당 도서가 장황한 이유는 크게 두 가지다. 첫째, 책이 책처럼 보이려면 어느 정도 양이 되어야 한다. 둘째, 본인이 아는 것, 혹은 그 이상을 이왕이면 상세하게 모든 것을 알려주고 싶다. 그렇다면 독자의 입장은 어떨까?

　독자는 핵심 내용만 알고 싶다. 도서를 구입하면 대충 훑어보는 페이지가 80% 이상이다. 상세한 법규는 그때그때 인터넷으로 찾아봐도 충분하다. 이러한 이유로 필자는 한 권의 지식산업센터 도서를 집필했다가 과감히 삭제 버튼을 누르고 새롭게 원고를 적었다. 이 책에 있는 내용은 지극히 주관적인 것임을 참조하기 바란다. 지식산업센터가 무엇인지 전혀 모르는 분들이 입문서로서 이 책을 펼치길 바란다.

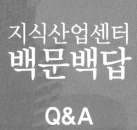

지식산업센터
백문백답

Q&A

나른한 오후 햇살을 받으며 키 180cm가 넘는 장신의 후배가 카페 문을 통과하는 것이 눈에 보였다.

"형~, 안녕하세요?"

"그래, 잘 지냈지?"

"네, 시간 내주셔서 감사합니다. 커피는 제가 살게요. 대신 오늘 지식산업센터에 관해 잘 알려주세요."

"그래, 내가 아는 선에서 이해하기 쉽게 잘 설명해줄게."

Q: "형, 단도직입적으로 지식산업센터가 돈이 되나요?"

A: "지식산업센터, 돈이 되지."

Q: "그럼 저도 알아보고 싶어요. 지식산업센터가 정확히 무엇
   인가요?"

A: "지식산업센터는 집합 사옥이야. 뭔가를 생산하는 회사들이 사옥
   으로 쓰는 거지. 그 형태는 금속업체가 들어오면 공장이 될 수도
   있고, 인쇄업체가 들어오면 인쇄소가 될 수도 있어. 그리고 요즘엔
   정보화 시대 아니냐? 디자인 회사, 어플리케이션 제작사같이 무
   언가 무형의 창조물을 제작하는 회사 역시 들어올 수 있어. 이 말
   은 일반 오피스랑 다르게 입주제한 업종이 있다는 거지. 입주제한
   업종은 인터넷 찾아봐, 죽~ 나와 있어. 사실 거기에 대한 구체적
   인 공부는 네가 실사용할 경우에 하면 되고, 아니면 임대 놓을 때
   임대업체만 잘 봐도 충분해. 무엇하러 그걸 다 외우겠어?"

Q: "일반 직장인들도 할 수 있나요?"

A: "일반 직장인들도 충분히 할 수 있지. 투자자들 대부분이 일반 직장인이야. 대신 아파트와 같은 공동주택과 달리 지식산업센터를 분양하거나 매매하기 위해서는 개인사업자 혹은 법인사업자가 필요해. 아까 말한대로 여기는 집합 사옥이거든. 개인이라면 개인사업자라도 있어야 하지. 회사에서 사규로 개인사업자 내는 걸 금지하는 경우도 있다고 하던데, 이건 회사에 물어봐야 돼. 그런데 회사 부장님들 보면 주택임대사업자 있으신 분들 꽤 많잖아? 사규에 있더라도 부동산에 관련된 것은 그냥 넘어가는 경우가 많더라고. 우리도 사규로는 안 되는데 총무팀 부장님이 개인사업자로 선대에서 물려받은 공장과 토지 등등이 매우 많은 것을 보고, '아, 되는구나.' 했지. 개인사업자는 홈텍스로 간편하게 낼 수 있으니까 걱정 안 해도 돼."

Q: "지식산업센터는 근래에 인기가 엄청 많던데, 어떤 투자처예요??"

A: "지식산업센터는 주식으로 치면 배당주에 가까워. 시세차익은 공동주택처럼 엄청 크진 않지만, 매달 들어오는 월세가 훨씬 짭짤하지. 초반에 들어온 사람들의 임대수익률은 10%대가 대부분이야. 우리 집만 하더라도 15억짜리 집 월세가 한 달에 190만 원이거든? 그런데 내 지식산업센터는 7억짜린데, 월세가 한 달에 300만 원이야. 확실히 수익으로는 아파트보다 지식산업센터가 낫지. 게다가 주식과 달리 돈이 매달 들어오잖아. 물론 재산세, 공인중개수수료, 공실 위험이 있지만, 그래도 쏠쏠해."

Q: "최근에 지식산업센터 엄청 많이 올랐다던데, 시세차익은 별로 없는 건가요?"

A: "최근의 지식산업센터 시세차익은 엄청나지. 여기 패드 한번 봐. 부동산 114 자료를 참조해서 만든 건데 최근에 많이 올랐지?

서울 지식산업센터 평균 평당 매매가 추이

자료: 부동산114 참조

2020년도 대비 2021년 1월 1일 기준 현재는 성수동은 거의 2배 정도 상승한 것 같아. 이 표를 보면 최근 지식산업센터의 시세상승이 꽤나 가파르다는 것을 손쉽게 확인할 수 있겠지?"

Q: "형 이러면 사실상 임대수익률은 좀 떨어진 것 아닌가요?"

A: "맞아. 매매가가 올랐으니 임대수익률의 분모가 올라가게 되잖아. 임대수익률은 떨어졌지. 하지만 어쩌겠어? 인기가 많아지니 매매가가 오르는 것은 어쩔 수 없어. 그래서 1세대 투자자들이 돈을 많이 벌었지. 심지어 문정동, 성수동, 영등포에서 처음 지식산업센터를 분양받은 사람들은 사람들은 원래 사업은 다 접고, 이제 다 임대사업자로 돌렸다는 풍문까지 들릴 정도니까. 그때는 투자자는 거의 없고 실사용자만 있었거든. 그래서 미분양도 많았다고 하더라고."

Q: "그러면 임대가 나가지 않을 수도 있지 않을까요? 임대가 나가도 수익률이 안 좋으면 굳이 할 필요도 없을 거 같고요."

A: "맞아. 그래서 요즘은 무리해서 투자하기보다 좋은 입지의 물건을 선점하는 것이 더 중요해. 이제는 투자자들도 무리하지 않고, 초반에 프리미엄(분양권에 웃돈이 붙는 것을 지칭하는 말)만 먹고 나오는 경우도 꽤 많아. 특히 근래에 지식산업센터 분양이 많았지. 동탄이나 하남은 공실이 무척 많았어. 그러다 보면 마이너스 프리미엄이 형성되거나, 1년 이상의 공실로 금융비용만 나가는 경우도 생기게 되지. 처음 투자하는 사람들은 작더라도 서울에서 시작하면서 감을 잡는 것이 더 좋을 것 같아. 공실 그거 엄청 살 떨린다?"

Q: "'초반에 피 먹고 나와라.' 이게 무슨 말이에요?"

A; "지식산업센터는 아파트와 달리 전매 제한이 없거든. 프리미엄을 피라고 하는데, 분양을 받은 뒤에 현금으로 프리미엄만 받아서 전매하는 경우가 꽤 많아. 피에 대해서도 세금계산서를 끊으면 양도세를 내야 하니, 현금으로 받고 탈세를 하는 경우도 있다고 들었어. 친한 영업사원분들한테 듣기로는 부동산에서 자기들끼리 전매하면서 인위적으로 피가 오른 것처럼 꾸며서 판매하는 경우도 있다더라. 그렇게 일반 투자자들에게 거짓 프리미엄을 보여주며 팔고 나면 준공할 때는 마이너스 프리미엄으로 팔 수도 있으니까 조심해야 된대. 나도 친한 사람들한테 한 번씩 "그거 너무 고분양가라서 안 하는 것이 낫지 않을까요?"라고 물어보면 다들 알고 있다고 말해. 그러면서 몇 개월만 들고 있다가 피 받고 나올 거라고들 하지. 이렇게 제대로 알아보지 않고 무턱대고 들어가게 되면 나중에 공실로 피해만 극대화될 수 있어."

Q: "자꾸 공실이 살 떨린다고 하는데, 왜 그런 건가요?"

A: "지식산업센터 공실은 살 떨려. 내가 무리해서 좀 비싼 지식산업센터를 매입해서 그럴 수도 있어. 이자가 월 120만 원씩 나가고, 관리비가 또 80만 원 정도 했거든. 그러다 보니까 매달 200만 원씩 증발하는 거지. 준공하는 건물은 물건이 한 번에 풀리잖아, 신도시도 그렇고. 그러면 공동주택이랑 다르게 1년에서 2년까지 공실인 경우도 있어. 그렇게 되면 회복하기가 쉽지 않지. 임차인들이 왔다 갔다 할 때마다 공인중개수수료도 계속 발생하고, 가끔 임차인이 렌트프리 한 달을 요구하거나 인테리어를 요구하면 그것도 머리 아파."

Q: "렌트 프리가 뭐에요?"

A: "렌트 프리(Rent Free)는 일정 기간 동안 공짜로 지내게 해달라는 거야. 대부분 인테리어공사 기간에 무료로 사용하게 해달라고 부탁하는 경우가 많아."

Q: "렌트 프리를 이용하면 임차가 좀 쉽겠는데요? 이것 말고 임차인을 위한 전략이 또 무엇이 있는지 알 수 있을까요?"

A: "렌트 프리 말고 효과적인 것은 결국 가격을 싸게 내놓는 거지. 상황에 따라서 인테리어공사를 네가 해줄 수도 있는 거고. 그거 말고는 음…, 공인중개수수료를 많이 주는 것도 방법이 될 수 있어. 결국, 공인중개사는 하나의 오프라인 판매 채널이거든. 중개수수료를 많이 주거나, 그 채널을 담당하는 분과 친해지면 그만큼 임차가 주변보다는 빨리 나가겠지. 나는 추가적으로 인터넷에 셀프 홍보도 꽤 많이 했어."

Q: "인터넷 셀프 홍보는 뭐예요?"

A: "너 사무실 구할 때 뭐부터 해? 대부분 '성수동 사무실', '영등포 지산' 이런 식으로 검색을 해보거든. 그럼 블로그나 부동산 직거래 카페에 관련 글을 올려두면 내 글이 노출되겠지? 그렇게 홍보하는 거야. 이렇게 직거래하면 부동산 공인중개 수수료도 아낄 수 있지. 나는 직거래로도 꽤 많이 거래해봤어. 대신 필요한 서류 같은 건 꼼꼼히 챙겨야지."

Q: "직거래에 필요한 서류는 뭐예요?"

A: "계약서는 인터넷에 샘플이 많으니까 하나 다운받으면 되고. 그거 말고는 사업자등록증, 신분증, 법인인감 증명서 혹은 사용인감과 사용인감증명서가 필요해. 인감증명서는 그 도장이 법적으로 등록되어 있다는 것을 증명해주는 거고 사용인감증명서는 법인인감으로 이 사용인감이 이번 거래에 있어 법인인감과 같은 효력을 지닌다는 증명이지. 그것만 잘 확인해도 큰 무리는 없어. 특약사항은 서로 조율해서 적는 거니까. 공인중개사는 오프라인 판매채널과 월세를 선불로 받을지 후불로 받을지 혹은 네고 과정에서 협상을 대신해주는 역할을 하지."

Q: "지식산업센터 대출은 어떻게 되어요?"

A: "분양할 때는 사실상 시행사 마음이라서 정확하지는 않지만, 대부분 중도금은 무이자로 해주는 경우가 많아. 계약금 10%만 내고 미래의 가치에 투자해 보라는 판촉 방법 중 하나지. 아무래도 이자가 있으면 묻지마 투자는 조금 꺼려지거든. 정부에서 투기를 막고 싶으면 다른 게 아니라 중도금 무이자 제도만 막아도 충분히 될 것 같아. 준공하면 개인의 신용도에 따라 다르기는 한데 평균적으로 80%는 대출을 해주는 분위기야. 나도 분양가의 80%를 대출받았어."

Q: "금리는요?"

A: "나는 21년 1월 기준 2.4%에 대출을 받았어. 내 주변에는 2.1%부터 2.6%까지 다양한 금리로 대출을 받더라. 이건 매입하기 전에 은행에 가서 미리 산정해 봐야 돼. 사람마다 워낙 달라서. 지금도 추가로 투자할 때는 난 2.8% 정도로 이자를 책정해서 수익률을 분석해. 수익률은 다소 보수적으로 잡는 편이 안전하거든."

Q: "보수적으로 잡는 것이 왜 안전한 거죠?"

A: "보수적으로 잡아도 내가 투자할만하면 진행해야지. 그렇게 해서 잘 되면 더 좋은 거고. 잘되는 경우만 보고 투자하다 이익이 보수적으로 잡히면 버티지 못하고 나가면서 손해 보는 사람들이 많거든."

Q: "아! 요즘에 전입신고 이런 거 때문에 다들 골머리 썩던데, 어때요?"

A: "내가 집합 사옥이라고 했지? 애초에 전입신고가 안 돼. 여기는 사업자등록을 한 사람들끼리 임차를 주고받는 오피스 성격이 크거든. 다만, 요즘 유행하는 LIVE OFFICE가 좀 걱정되기는 해."

Q: "라이브 오피스요? 그게 뭐예요?"

A: "라이브 오피스는 일정 부분 거주가 가능하도록 화장실 등을 오피스 내에 넣어서 운영할 수 있도록 만든 특화상품이야. 스티브잡스나 일론머스크같이 밤낮없이 일하는 사람들을 위해서 만들어낸 상품 같아. 화장실이 사무실 내에 있으니까 편하거든."

Q: "그러면 라이브 오피스는 전입신고가 되는 거 아니에요?"

A: "맞아. 모델하우스에 가보면 라이브 오피스를 불법으로 복층으로 개조해서 침대를 둔 모습을 보여주는 경우도 있더라고. 그런데 이거 엄청 위험한 거야. 잘 생각해봐. 실사용으로 일정이상 지내면 전입신고를 할 수 있어. 몇 명의 임차인이 저렴하다는 이유로 라이브 오피스를 주거로 사용하고 증빙자료를 가지고 전입신고를 하면? 혹은 전입신고를 하겠다고 임대인을 협박하면? 또 골치 아파지는 거지. 전입 신고를 하면 주택 수로 간주되니까 넌 청약을 못 할 수 있어. 이미 집이 있는 경우는 다주택자가 될 수도 있고. 심지어 몇몇 오피스를 분양하는 물건들은 대놓고 주택처럼 꾸며 뒀더라고. 주택으로 접근해서 저렴한 분양가라고 판단하고 매입할 수도 있는데, 향후 문제가 될 소지는 충분히 있어."

Q: "라이브 오피스 말고 다른 상품은 뭐가 있어요?"

A: "라이브 오피스 말고 유명한 건 드라이브인이지."

Q: "드라이브인이 뭐예요?"

A: "드라이브인은 차가 내부로 진입 가능한 시스템을 말하는 거야. 주차장에서 층 이동할 때 다니는 경사로 알지? 그걸 램프라고 하는데, 램프를 따라서 차가 각층 사무실로 이동할 수 있는 거지. 문바로 앞까지 갈 수 있는 특화설계상품을 도어투도어 드라이브인이라고 해. 금속공장을 예로 들면 상품을 제작하고 화물 엘리베이터에 실은 뒤에 화물차에 옮겨야 하지? 드라이브인 도어투도어 시스템에서는 화물차가 사무실 문 바로 앞까지 오면 그걸 내부에 있는 기계로 차에 실어주면 돼. 엄청 편해지지.

Q: "도어 투 도어는 문 바로 앞에까지 온다는 거죠? 다른 상품은 뭐가 있어요?"

A: "맞아. 문 바로 앞에까지 오는 거! 지식산업센터는 공장과 지원시설 그리고 근린생활시설로 나뉘어. 공장은 제조 동과 섹션 동, 라이브 오피스로 나뉘고. 지원시설에는 창고, 기숙사, 업무지원시설이 있지. 근린생활시설은 편의점, 식당, 문구점 등을 생각하면 이해가 쉬울 거야. 또 제조 동은 드라이브인, 업무형 제조, 도어 투 도어로 나눌 수 있고, 섹션 동은 일반 사무실이라고 생각하면 편해."

Q: "이제 좀 이해가 되는 것 같아요. 개념은 좀 알겠는데, 결국 부동산은 입지잖아요. 그래서 어디에 사야 할까요?"

A: "제일 어려운 질문이야. 생각해봐. 주식의 개념은 회사에 투자해서 주주가 되는 것으로 간단하지? 그런데 좋은 종목 찾기가 어려운 거잖아. 부동산도 마찬가지야. 어느 지역이 어떻게 개발될지, 혹은 기존의 개발계획이 있던 곳일지라도 그 계획이 언제 어떻게 취소될지는 아무도 몰라. 그래서 입지를 추천하는 것은 꽤 까다롭고 꺼려지는 거지. 만약에 손해나면 나 원망할 거잖아. 그리고 이게 진짜 나비효과 같아서 어느 사람의 한마디가 소문을 불러일으켜서 시세에 영향을 미칠 수도 있으니까 조심스러워."

Q: "아, 그러지 말고 좀 알려줘 봐요. 지식산업센터에선 뭘 제일 많이 봐야 되어요?"

A: "부동산이라는 것 자체가 움직이지 않는 동산인데, 그렇게 치면 뭐든 입지가 제일 중요하지. 누구나 아는 역세권이 제일 중요하지 않을까?"

Q: "역세권은 늘 중요한 거고 다른 고려사항은 없어요? 학군이나
이런 거요."

A: "대중들이 주택에 익숙해서 그런지 아파트를 살 때 고려하는 사항
을 지식산업센터에 많이 대입을 시키더라고. 사실 그건 좀 맞지 않
아. 일단 여기는 사업을 하는 곳이니까 학군은 거의 필요 없지. 여
하튼 여긴 대부분 중소기업이 입주하는 곳이야. 그 말은 대표이사
가 대부분의 의사결정을 한다는 말과 일맥상통하지. 본인이 사장
이라고 생각하고 분석을 해야 그나마 좀 분석에 신빙성이 생기지."

Q: "그럼 사장님 입장에서는 어떤 지식산업센터가 좋나요?"

A: "사장 입장에선 첫 번째가 위치야. 만약에 내가 은평구에서 사업을 하고 있어. 그런데 주변 지인들이 지식산업센터 들어가니까 너무 좋대. 그러면 어떻겠어? 당연히 이주하고 싶겠지. 그런데 그 사람들이 그다지 멀리 가지 않아. 해봤자 고양, 김포 정도까지 갈 거야. 그럼 지식산업센터의 입지는 주변에 얼마나 많은 사업체와 공장이 존재하느냐에 따라서 달라질 수 있겠지. 둘째가 뭘까? 또 위치야. 우리가 유리 제작을 하는데, 제품 주문이 전국에서 들어와. 그러면 어떻게 해야겠어? 화물차에 실어서 보내야겠지? 그런데 지금 있는 곳은 골목골목으로 들어와야 해서 화물기사가 잘 오려고 하지도 않아. 차가 막혀 있으면 출발을 못 하는 경우도 있고. 이렇게 되면 당연히 고속도로에 진입하기 쉬운 IC 주변에 있는 지식산업센터를 매입할 거야. 이런 개념으로 드라이브인이 인기가 많은

거고. 언제 1층까지 화물 엘리베이터로 내려서 실어서 보내겠어?

셋째는 뭘 거 같아? 또 위치야. 어느 정도 규모가 있는 회사라고 생각해보자. 직원들을 고용하겠지. 그런데 중소기업일수록 고급인력을 구하기가 쉽지가 않아. 직원들이 지하철에서 내려서 몇십 분씩 걸어서 출근해야 하는 곳으로 다닐까? 월급이 비슷하면 역 주변에 있는 회사를 선호할 거야. 그래서 직원 수가 많은 회사는 역세권을 고집할 수밖에 없지. 여기서 또 애매해지는 게 역세권이 아니더라도 인기가 있는 지식산업센터도 있다는 거야. 그 이유는 의사결정권자가 사장이기 때문이지. 실제로 광진구에 인기가 많은 모 지식산업센터는 역에서 15분이나 떨어져 있는데 가장 인기가 좋아. 그 이유는 뭘까? 바로 압도적인 연면적이야. 연면적이 엄청 큰 지식산업센터 2개가 몰려있으니까 거리 자체가 정방형으로 깔끔하단 말이야. 중간에 공원도 있고. 사장님들은 어차피 법인차를 타고 다니니까 그런 지역이 마음에 드는 거지. 그래서 사장 마인드로 생각해야 한다는 거야. 그다음이 상품구성이야. 층고도 작게는 4m에서 높은 건 7m까지 있거든. 그거 말고도 한강 주변이라 뷰를 극대화한 상품이라던지 혹은 중간중간에 휴게실을 잘 만들어 둔 상품 등등이 있지."

Q: "아, 아파트와는 확실히 다르네요. 형, 그러면 지역에 따라 선호하는 지식산업센터의 유형도 달라질 것 같아요."

A: "맞아. 잘 파악했어. 우리는 투자자로서 접근을 해도 상품을 두 번째로 판매하는 사람이 되는 거야. 첫 번째는 누구겠어? 바로 시행사와 시공사야. 그러다 보니까 주변에 공장이 많은 지역은 높은 층고를 갖는 지식산업센터로 계획하고, IC 주변은 도어 투 도어로 시공하는 경우가 많지. 하지만, 그들은 건축허가가 나는 연면적을 최대한 채워서 건물을 지어야 돼. 그래서 하나의 지식산업센터 내에 섹션과 드라이브인, 라이브 오피스를 섞어서 짓는 경우가 많아. 이 안에서 선택하는 건 또 우리 몫인 거지."

Q: "기본적인 질문일 수 있는데 연면적이 뭐예요?"

A: "연면적은 바닥면적의 합계인데, 쉽게 말해서 이 토지에 얼마나 높이 건물을 지을 수 있는가를 판별하는 거야. 용적률이 높이에 대한 기준으로서 대지면적에 대한 연면적의 비율이거든? 이걸 제한하지 않으면 나라 곳곳이 고층 건물로 가득하겠지? 인구 밀집도가 높아지면 교통도 혼잡해질 거고. 그래서 제한을 해두고 이는 연면적의 제한이 되는 거지. 같이 알아두면 좋은 개념으로 건축면적이 있어. 이건 대지 안에서 내가 건물을 지을 수 있는 면적이야. 건폐율이랑 연동되는 건데 이게 없으면 온통 빽빽이 건물로 들어차서 너무 복잡해지고 불이 나면 다 옮겨붙을 수도 있겠지?"

Q: "이해가 좀 되네요. 그럼 아까 전에 말한 개념 중에서 시행사는 뭐예요?"

A: "시행사는 건물을 기획하는 주체라고 볼 수 있어. 실무가 아니라 개념으로만 보면 시행사가 토지주에게 땅을 사고 그 땅에 무언가를 짓는 궁리를 해. 그러면 건축사를 고용해서 설계를 진행하고, 그 건물을 지어줄 수 있는 시공사, 우리가 아는 건설사들을 고용하지. 동시에 건축사는 국가에 인허가 업무를 진행하고. 시공사는 건물을 짓는 역할을 하는데, 건설사가 아무런 감독없이 건물을 지으면 사업성을 개선하기 위해 도면대로 공사를 하지 않는 경우가 과거에는 꽤 있었다고 해. 그래서 이를 보완하기 위해 감리회사가 건설사를 현장에서 감독하고 있어."

Q: "오! 건축구조도 좀 이해가 됐네요. 실제로는 어때요?"

A: "지금이 무슨 시대냐? 자본주의 시대잖아. 실제로 돈이 많은 시행
사가 잘 없어서 시공사의 입김이 가장 강해. 토지주한테 땅을 사
야 하는데 건물을 지을만한 토지는 몇백억에서 몇천억까지 할 거
잖아. 그걸 시행사가 어떻게 감당하겠어? 그러면 토지 매입에 대
한 확약서 혹은 계약 정도만 하고 시공사에 가지고 오는 거야. 그
마저도 안 돼서 자산운용사나 증권사에 개인 담보, 토지담보, 사
업권 담보까지 다 맡기고 돈을 빌려서 토지 계약을 하는 시행사
도 많아. 그 뒤에 시공사와 도급계약을 체결하면 일사천리지. 10
대 건설사 정도 되는 곳이 시행사가 망해도 건물을 책임지고 준
공하겠다고 책임준공확약을 하면 그걸 담보로 증권사들이 공사
비를 대출해주는 거야. 그 뒤에 신탁사를 고용해서 안전하게 공사
비를 관리해. 예전에 건설사들이 줄도산하면서 계약금을 넣은 분
양자들의 피해가 막심하니까 신탁시스템이 만들어진 거지. 신탁
사는 사업 안전성을 검토하면서 시행사나 건설사가 돈을 마음대
로 쓰지 못하도록 토지비를 기준 삼고, 공사와 분양수입금 일정에
연동해서 돈의 사용에 대해 감시를 하지. 이렇게 지어진 건물이
우리한테 오는 거야. 사업구도는 다양해. 코에 걸면 코걸이. 귀에

걸면 귀걸이, 라서 토지주가 직접 시행하는 경우도 있고 시공사가

일정 부분 개발이익을 나누어 받으면서 지급보증을 서주는 경우

도 있거든."

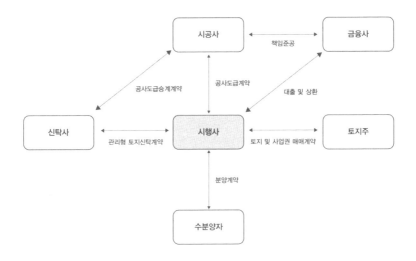

Q: "어렵긴 한데 재밌네요. 개발이익과 지급보증은 뭐예요?"

A: "개발이익은 분양수입금에서 공사비, 금융비용, 마케팅비용 등을
빼고 시행사가 벌어가는 돈이야. 지급보증은 시행사가 돈을 못 갚
을 경우 보증인이 대신 돈을 갚아주겠다는 보증이지."

사업수지 조건	▷ 분양률 기본 가정 – 기숙사 : D+1 50%, D+6 100% – 지산 / 근생시설 : D+1 30%, D+2 40%, 준공時 限 100% – 운동시설 : 준공 후 분양	▷ 중도금 무이자

(단위 : VAT 별도)

구분			산출근거	비고
시행사	매출	지식산업센터	100,000평 × @ 900만원/평	
		근생시설	20,000평 × @ 1,900만원/평	
		기숙사	9,000평 × @ 1,030만원/평	
		운동시설	1,000평 × @ 2,000만원/평	
		계		
	지출	토지대	21,000평 × @ 1,500만원/평	취등록세, 사업권양도양수비 포함
		도급공사비	130,000평 × @ 450만원/평	
		분양비	M/H, 분양대행수수료, 광고선전비 등	
		금융비	수수료, 이자 등	PF조달금액
		기타	설계비, 용역비, 제세공과금 등	미분양판촉비, 민원처리비, 예비비
		계		
	개발이익			자본금 + 개발이익 = 엑시트 가능 버퍼
시공자	매출	도급공사비	130,000평 × @ 450만원	
	지출	실행공사비	130,000평 × @ 390만원	
		본사관리비	도급액(VAT별도)의 00%	
		기타비용	하자보수비, 기타원가 등	
		계		
	경상이익			

"수지표를 보면 좀 더 이해가 쉬울거야."

Q: "이제 좀 알겠어요. 그러면 증권사에서 보증하고 건설사에서 확신하니까 짓는 거겠네요? 분양은 무조건 안전한 거예요?"

A: "그럴 리가 있나? 그러면 건설사는 무조건 다 대박 나게? 전혀 아니야. 일단은 건설사와 증권사의 분석이 안 맞아서 증권사에 돈을 투자한 대주주들까지 피해를 입었다는 경우가 종종 뉴스에 나와. 다만 수도권에서는 그런 경우가 거의 없었지. 그렇다고 수도권 분양이 무조건 안전하다? 그것도 아니야. 기본적으로 사업이 잘 안되면 증권사가 가장 먼저 빠져. 쩐주가 짱인 거지. '분양 시작하고 1년 내로 분양이 안 되면 10% 할인해서 팔아라.', '2년 내로 분양이 안 되면 얼마 할인해라.', 이런 식으로 조건을 달아. 그래도 본인들은 피해를 입지 않거든. 건설사도 마찬가지야. 그렇게 할인 분양해서 도급공사비를 얼마나 회수해갈 수 있는지를 판단해. 위험성이 큰 지역일수록 도급공사비를 다 가져가려고 하고, 중간지역은 본인들의 원가만 회수하고, 또 안전한 곳은 100% 분양이 될 경우 분양성 연동으로 공사비를 받기도 하지. 수분양자의 입장에선 어떨까? 11%만 할인분양을 해도 내가 가지고 있는 계약금을 버리고, 계약을 해지하는 것이 맞아. 그러니까 애초에 금융사, 건설사들과 공평한 입장에 놓인 것은 아니지"

Q: "와~, 무서운 세상…. 그런데 분양모집공고를 보면 층수별로 가격이 다르던데, 아파트처럼 조금이라도 높은 층이 좋은 거예요?"

A: "아니지. 잘 생각해봐. 사장의 입장에서 보면 높은 층이 가장 좋을 거야. 의자 뒤로 제끼고 전망을 즐기면 되니까. 그런데 직원 입장에선 아니지. 높은 층의 가장 큰 단점은 엘리베이터야. 집합사옥이라고 했잖아. 점심시간이나 출퇴근 시간에는 심하면 엘리베이터 이용에만 30분씩 걸려. 엄청난 리스크지. 대부분 사장들은 출퇴근 시간이 유동적이기 때문에 그 불편을 모르는 거야. 그래도 높은 층에 대한 수요는 사람들의 지배심리와 연관이 있어서 꾸준히 인기가 있는 편이긴 하지. 그것보다 더 좋은 것이 2~3층이야. 이 층수는 급할 경우 엘리베이터를 안 타도 되거든. 그리고 드라이브인의 경우에는 저층이 훨씬 더 유리하지. 차가 빙글빙글 돌면서 올라가잖아. 10층까지 올라간다고 생각해봐. 어지럽지. 그래서 드라이브인의 경우 저층이 훨씬 인기가 많아. 다만 투자용으로 접근하면 임대수익률 측면에서는 무조건 분양가가 낮은 곳이 제일 좋아. 어차피 내 건물도 아니고 남의 건물 세 들어 사는 건데 뷰나 이런 걸 크게 신경 쓸까? 아니거든. 임대료는 어차피 다 비슷비슷해. 그마저도 더 빨리 임차인을 맞추려면 싸게 사는 만큼 싸게 임대료를 책정하면 훨씬

유리하지."

Q: "형 개념적인 건 이제 좀 이해가 되었는데, 형이 봤을 때 정말

좋은 입지는 어디에요?"

A: "그러면 크게 동서남북으로 한 번 봐볼까?"

Q: "오, 한눈에 보이는데요? 이 중에선 어떤 것이 제일 괜찮아요?"

A: "장단점이 다 있지. 성동구는 영등포, 종로, 강남과 모두 가깝지? IC에서는 멀지만, 신발공장과 인쇄소 밀집지역으로 수요도 충분했어. 그러니까 지식산업센터의 메카가 될 수 있었던 거지. 그런데 IC와 비교적 거리가 있고, 또 초반에 지어진 건물이다 보니 드라이브인 시스템이 도입되지는 않았어. 하남과 구리의 경우는 어떨까? 수도권은 전통적으로 동쪽으로 더 많이 발전했어. 특히 하남은 베드타운으로 국가 지원이 많이 들어간 곳이지. IC를 타면 부산까지도 4시간이면 갈 수 있어. 그래서 하남이나 구리에는 드라이브인 시스템이 많아. 다만 여기는 분양물량이 너무 많았어. 입주 기업이 그렇게까지 많지도 않았는데, 공급이 많아지니까 가격이 받쳐주질 못하는 거지. 공실도 많고, 심한 경우는 준공 후 2년까지도 공실이었다고 들었어. 문정동은 건축사 사무소가 많이 이전했어. 그러다 보니까 실내건축회사나 골조회사도 꽤 많이 이전했어. 그 외에도 송파구 전체가 발전하면서 시세상승이 큰 지역 중 하나가 되었어. 판교는 너도 알다시피 강남에서 IT 기업을 이주시키려는 정부의 의도대로 발전하기 시작한 동네지. 워낙 IT 붐이 심하니까 지금도 초록회사, 노란회사, 게임회사 등의 회사가 몰리고 그 연관사들도 몰

려서 최고가를 경신 중이야. 그다음으로 핫한 곳은 동탄이야. 동탄은 반도체 회사 공장이 이전하면서 그 회사 직원들이 대거 이주했지. 그러면서 동네도 깔끔해지고, 연관된 회사들도 많이 들어왔어. 그런데 여기도 하남처럼 지식산업센터의 무덤으로 불려. 공급이 너무 과했던 거지. 상가도 빈 곳이 많고. 워낙 동네가 넓잖아. 그래서 임대로 접근하는 사람들은 동탄과 하남은 조금 꺼리는 편이야. 더 남으로 가면 평택이 있지. 여기도 반도체 투자 건으로 핫해지고 있는 지역인데 지식산업센터가 꽤 많이 건설되더라고. 요즘 제일 핫한 곳은 서쪽이야. 방송국이 대거 이전한 DMC, 그리고 메이저 건설사가 사업자로 선정되어 진행되고 있는 마곡지구 개발, 고양 향동 신도시까지 호재가 많은 곳이지. 그렇다고 그걸 묶어서 생각하면 안 돼. 사실 인터넷이 이만큼 발달했는데 고양이랑 DMC가 마곡이랑 가깝다고 같이 올라간다? 이건 좀 너무 간 거야. 물론 한 지역이 개발로 인해 부동산 가격이 올라가면 주변 지역도 이전 수요 등으로 가격이 따라갈 수는 있는데, 무조건적인 건 아니니 주의해야 해. 얼마 전에 뉴스를 보니까 인천이 부산의 경제력을 따라잡았다는 소식이 들리던데, 인천도 매력적인 곳이야. 인천항을 끼면 수출입이 용이해서 외국에서 자재를 들여와 가공하는

업체들은 인천을 꽤 좋아하더라고. 실제로 아파트도 신축으로 가장 많이 올라가는 곳이 인천이야. 이런 기조를 보면 확실히 동쪽보다는 서쪽으로 더 많이 발전할 것 같기는 해. 주거는 동쪽이 좋을 수 있지. 왜냐하면, 동쪽은 속초나 설악 같이 휴양지가 많잖아. 그러면 레저시설이 많고, 주택 밀집지역에서 주거를 더 하고 싶겠지. 하지만 사업은 달라. 서쪽이 최근에 많이 개발되고 있기도 하고 인천항을 끼면 사업의 영역 확장성은 엄청나게 되지. 그런 의미에서 난 동쪽보다 서쪽을 더 좋게 봐. 이 외에도 시흥이나 광명처럼 전통적으로 공장이 많은 지역도 꽤 인기가 있어."

서울시 소재 지식산업센터 (곳)

자료: 서울시 통계 참조
기준일: 2021.05.31

Q: "와, 그럼 무조건 서쪽을 사야겠군요?"

A: "그렇게 간단히 볼 문제는 아니야. 우리에게 가장 중요한 건 가격이거든."

Q: "가격이요? 아, 맞네. 가격이 다르겠네."

A: "맞아, 가격! 하남은 현재 섹션 기준으로 900만 원에서 1,000만 원 정도의 시세를 형성하고 있어. 그런데 서쪽은? 마곡은 1,400만 원에서 1,500만 원을 형성했고, 향동은 순차적으로 분양했는데 점점 올리기 시작하더니 얼마 전에는 1,000만 원에 분양하더라. 그리고 지축은 1,300만 원에서 1,500만 원 정도에 분양한대. 그렇게 되면 하남이랑 가격 차이가 너무 심해지지? 이렇게 높은 가격으로 분양하다 보면 기존에 있던 것도 점점 가격이 올라갈 수밖에 없어. 다만 임대료는 그만큼 올라가지 않으니까 점점 임대수익률은 떨어지지. 그리고 서쪽은 23년쯤에 물량이 한 번에 풀릴 거야. 그러면 어떻게 될까? 동쪽은 더는 발전할 방향이 없으니까 어느 정도가 되면 공급은 멈출 거야. 23년이 되면 동쪽은 수요가 충족되어 공실이 없고 시세는 계속 오를 수 있지. 그때는 서쪽이 공실이 많아져서 오히려 마이너스가 될 수도 있어. 특히 요즘 분양받

는 사람들은 초반에 피만 먹고 빠지려는 사람이 많아서 붕괴될 때 한 번에 붕괴될 수도 있거든. 여하튼 우리는 현재 이 정도 공장 규모만으로도 충분히 사업을 잘해왔단 말이야? 그런데 계속 지식산업센터가 늘면서 토지이용 집약도가 향상되면 어떻게 될까? 수요가 부족해질 수도 있어. 인기로 인해서 지식산업센터 분양을 엄청나게 했는데 사용할 회사가 적다면? 그건 정말 심각해질 거야. 주거랑 다르게 사업체가 받쳐주는 것은 한계가 있거든. 물론 많은 공장이 쾌적해지고 남는 대지에 공원을 지어서 녹지율이 높아지면 좋긴 하지만, 그건 너무 머나먼 일이야. 특히 요즘엔 토지가격이 천정부지고 공사원가가 계속 올라가기 때문에 낮은 분양가는 나오기 어려울 거야. 그렇다고 무리한 가격은 허가 받기도 어렵고 팔리지도 않으니까 자연스럽게 시장이 분양을 줄이는 시기가 오겠지. 그때가 조정기일 거야. 첫 번째 사진이 지금 지식산업센터의 가격을 간단하게 담은 현황도이고, 두 번째가 부동산 가격의 흐름도야."

(단위: 만원)

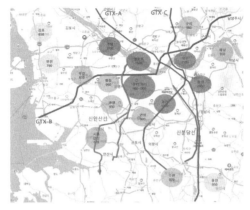

[가격현황도]

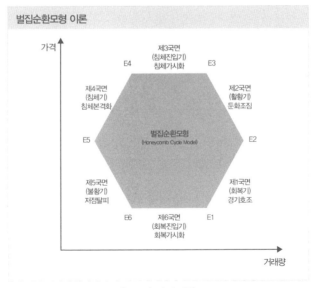

[부동산 가격흐름]

출처: KB금융지주경영연구소, 월용카페

Q: "제가 보기에 문정이랑 성수는 이미 완성형인데, 향후 발전 가능성이 있을까요?"

A: "수요는 계속 유입되고 있는데 공급은 한정적이니 시세는 오를 거같아. 임대료는 일정 부분 시간이 지나야 받쳐주겠지."

Q: "감사합니다. 형 덕분에 시세와 부동산과 관련된 기본 개념까지 알게 되었어요. 그렇다면 지역 선정 후 하나의 호실을 결정한다고 할 때 어떤 것을 고르는 것이 좋을까요?"

A: "호실 선정도 중요하지. 컨셉을 잡는 게 중요해. 나는 어떻게 내 상품을 더 매력적으로 보이게 하겠다. 이런 거? 임차도 결국 상품을 파는 거거든. 그런 의미에서 전통적으로 가장 좋은 호실은 코너 호실이야. 코너 호실에는 서비스 면적인 발코니가 있기 때문이지. 발코니는 상품의 용적률에 포함하지 않는데, 코너 호실의 경우 두 면에 발코니가 있으니 서비스 면적이 그만큼 늘어나는 거지. 이왕이면 내가 사용하는 면적이 많은 것이 좋잖아? 옆의 그림은 코너 호실보다 좋은 삼면 발코니를 가진 호실인데, 이런 곳을 확장하게 되면 면적이 거의 25% 정도 늘어날 수 있겠지? 층고도 상품의 매력을 유인할 수 있고, 다만 엘리베이터에서는 적당히 떨어져 있는 것이 좋아. 은근히 엘리베이터와 가까

우면 시끄럽거든. 사람들도 자꾸 서성거리고. 그러나 만약 내가 화물

엘리베이터를 사용한다면, 그것과는 가까운 것이 좋겠지. 마지막으로

옥상정원이나 휴게공간이 있다면, 그와 가깝거나 같은 층에 위치하는

것이 실사용 측면에서는 훨씬 쾌적하다고 할 수 있지."

Q: "이용하는 면적이 넓은 게 좋네요. 전용률? 맞나요? 그거죠?"

A: "오~, 좀 아는데? 맞아, 전용률. 화장실, 복도, 엘리베이터 홀 전체를 합한 게 공급면적이고 내가 실제로 사용하는 것이 전용면적이지. 전용률은 기본적으로 높은 것이 좋은 거지. 서비스면적을 합하면 내 호실에 한해서 전용률이 높아지니까 좋은 거고."

Q: "그러면 전 무조건 전용률이 1%라도 높은 걸 선택해야겠어요. 이건 주택이랑 같네요."

A: "마냥 그렇다고 볼 수는 없어."

Q: "네? 왜요?"

A: "전용률이 아파트급으로 높다고 가정해 보면 업무로 사용하기엔
너무 힘들거든. 손수레로 자재들도 이동해야 하고, 직원들이 통행
도 해야 하는데, 정말 빽빽하게 호실만 있다? 이거는 회사용 건물
에 그렇게 좋지만은 않아. 대부분 45%에서 55%를 적정 전용률로
보고 있어. 전용률이 낮으면 그만큼 건물이용이 편해지는 거지."

Q: "지식산업센터도 남향이 좋은가요?"

A: "자꾸 내가 집으로 보지 말라고 했지? 남향이면 일할 때 햇빛이 너무 많이 들어와서 별로야. 지산은 오히려 북향이 낫지."

Q: "알겠습니다. 실전으로 들어가서 지식산업센터를 사려면 어떻게 해야 하나요? 분양, 이런 거요."

A: "지식산업센터를 취득하는 방법은 크게 분양, 전매, 매매 3가지 방법이 있어."

Q: "설명 좀 더 자세히 해주세요."

A: "먼저 분양은 시행사에서 첫 번째로 파는 걸 내가 사오는 거야. 전매는 누군가 분양받은 것을 건물이 준공되기 전에 분양권을 사오는 거고, 매매는 준공되고 취득한 후에 매매 거래를 해서 소유권을 가져오는 거지."

Q: "전체적인 절차는 조금 알겠는데, 그러면 각각의 절차는 어떻게 돼요?"

A: "분양은 입주의향서 제출, 사전계약금 혹은 청약금 입금, 계약서 작성, 중도금 대출, 잔금 납입 및 취득 순서로 진행되는 거야. 입주 의향서는 고객의 수요를 파악하기 위해 시행사가 받는 경우가 많아. 일반적인 주택 청약과 다르게 이건 청약 통장이 필요하거나 별도의 제한이 없거든. 분양 방법은 초치기, 선착순, 물량배정 등이 있는데, 초치기는 일정 시간을 정해두고선 입금 선착순으로 분양하는 거야. 예를 들어서 '10시 00분 00초에 초치기입니다'라는 공지가 오면 00초에 입금하는 사람이 분양받는 거지. 이게 다 최근에 지식산업센터 인기가 많아서 그래. 더 빨리 들어오면 실격패인 거구. 선착순은 입주의향서에 숫자가 매겨져 있어서 빨리 낸 순서대로 받는 거고 물량배정은 분양 대행사에게 일정 부분을 할당한 뒤에 알아서 팔라는 거야. 이렇게 입주의향서를 제출하고 나면 분양현장마다 다르긴 하지만 청약금 혹은 계약금의 전부를 넣어서 내 호실을 선점하는 절차를 가져. 그리고 계약서를 작성하는 거지. 계약서 작성 시에는 분양금액, 호실, 면적, 부가세 등을 확인하고 체결하면 돼. 여기에 시행사, 신탁사, 시공사가 확인 도장을

찍어주면 분양권 소유 절차는 끝나는 거지. 이때 입주 가능업종으로 사업자를 내야 해. 중도금 대출은 계약서 작성 이후 5개월에서 6개월 정도가 지나면 체결해야 돼. 이자는 대부분 시행사에서 납부해주고 있어. 중도금 무이자는 비주거 부문에서 자주 하는 판촉 방법의 일환이야. 이자 내라고 하면 이자 부담 때문에 잘 안 팔릴 수도 있잖아. 중도금이 대출되었으면 이제 기다리다가 잔금 치르고 취득세 내고 등기 치면 소유할 수 있게 되는 거지."

Q: "전매는요?"

A: "전매는 중도금 대출 가능 여부를 확인하는 것부터 시작해. 이를 확인하기 위해서는 은행에 직접 방문해서 본인의 신용도를 기준으로 대출 승계가 되는지 질의해야 해. 이때 근로자 원천소득증명서와 신분증과 같은 서류들이 필요하니까 미리 전화해보고 서류를 준비해서 가면 편하겠지? 절차는 간혹 팩스로 자료를 보내고 받는 경우도 있는데 대부분 직접 대면으로 처리하는 편이야. 본인의 신용도에 따라서 대출이 거부되는 경우도 많으니까 계약 전에 반드시 확인해 봐야 해. 계약했는데 대출이 거부되면 계약금만 날리는 거잖아. 은행에 대출 여부 확인이 끝나면 이제 매도인과 만나 계약금을 주고 계약서를 작성하면 돼. 계약서에 있는 특약사항, 면적, 금액 등등을 꼼꼼히 살펴보고, 상대측 사업자등록증과 법인인감 증명서를 정확하게 확인해야 해. 이때는 공인중개사가 아니라 영업사원이 진행하는 경우도 있고, 공인중개사가 하더라도 보증이 빠지는 경우도 있다고 들었기 때문에 당사자가 더 신경을 써야 돼. 일반적인 계약이라고 보면 돼. 그럴때는 수수료도 백만 원에서 이백만 원 정도밖에 하지 않아. 계약이 끝나면 구청에 방문해서 부동산 정보과를 찾아가면 돼. 거기서 검인을 받고, 은행에 가서 대출 승계를 요청하

는 거지. 그다음은 시행사, 시공사, 신탁사의 동의 날인을 받으면 분
양권이 승계되고, 너는 분양권을 소유하게 되는 거지. 매매는 사실
대부분 공인중개사를 통해서 매도자와 매수자가 만나고 계약금으
로 10%를 내고 물건을 양도받은 뒤에 잔금을 치르고 취득신고를
하면 끝나는 거라 별다를 것이 없어."

Q: "아까 부가세에 관한 이야기를 해 주셨는데, 혹시 별다른 절차가 있는 건가요?"

A: "지식산업센터는 사업자로 거래하는 거잖아. 그렇다 보니까 부가세는 환급받을 수 있어. 예를 들어 중도금 대출에 부가세가 포함되면 우리는 현금흐름이 매우 좋아지는 거지. 그게 아니더라도 전매를 받아도 부가세는 환급되니까 공급가액만 신경 쓰면 돼. 여기서 만약에 세금계산서를 발급받을 때 부가세 없이 발급받게 되면 환급이 안 되니까 주의하고. 부가세는 원래 최종 소비자만 내는 거거든. 그림 보면 이해가 편하지?"

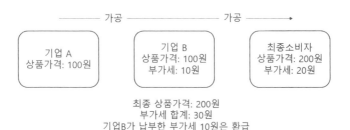

최종 상품가격: 200원
부가세 합계: 30원
기업B가 납부한 부가세 10원은 환급

Q: "이해됐어요. 그러면 임대차에서도 부가세는 환급받는 건가요?"

A: "역시 하나를 말하면 둘은 아는구나. 부가세는 기본적으로 '매출세액 − 매입세액 = 납부할부가세액'으로 이루어져 있어. 그러면 매입세액이 공제되지 않는 항목은 뭐가 있을까? 첫째로 인건비야. 인건비는 사업상 비용이 맞지만, 부가세가 붙지 않거든. 그래서 종합소득세 신고 시 비용처리만 가능하지. 둘째는 간이과세자로부터 매입하거나 면세사업자한테 매입하는 경우야. 이밖에도 비영업용 승용차 구입 혹은 접대비 관련 매입은 세액공제가 불가능하고, 소득세 신고 시 비용처리만 가능하지. 어려워도 잘 챙기면 월세에 추가적으로 환급받는 부가세까지 챙길 수 있으니까 수익률 산정에 유리해지지."

Q: "부가세는 언제 어떻게 신고해요?"

A: "부가세는 반기별로 나누어서 신고해. 제1기는 1월 1일부터 6월 30일까지의 세금을 7월 1일에서 7월 25일 사이에 납부하면 돼. 제2기는 7월 1일에서 12월 31일까지의 세금을 다음 해 1월 1일에서 1월 25일 사이에 내면 되는 거지. 개인사업자는 2회 신고하면 되고, 법인사업자는 예정신고 기간에 별도로 신고하여 4회 신고해야 해. 놓치면 가산세가 붙으니까 잊지 말고 잘 체크해야 해. 방법은 홈텍스(www.hometax.go.kr)로 하면 간편해. 홈텍스에서 로그인한 뒤에 '신고/납부'를 클릭하면 돼. 로그인은 공인인증서나 ID/PW로 하면 되고. '신고/납부' 탭 옆에 '부가가치세'가 있는데 그걸 누른 뒤에 일반과세자로 정기신고를 하면 되는 거야. 인터넷에 찾아보면 상세하게 나오니까 그때가 되어 참조해 봐."

부가세 신고기간

과세기간	과세대상기간		신고납부기간	신고대상자
제1기 1.1~6.30	예정신고	1.1 ~ 3.31	4.1 ~ 4.25	법인사업자
	확정신고	1.1 ~ 6.30	7.1 ~ 7.25	법인·개인일반 사업자
제2기 1.1~6.30	예정신고	7.1 ~ 9.30	10.1 ~ 10.25	법인사업자
	확정신고	7.1 ~ 12.31	다음해 1.1 ~ 1.25	법인·개인일반 사업자

※ 연간 부가세 신고
법인사업자: 4회/연, 개인사업자: 2회/연

– 개인 간이과세자는 1년을 과세기간으로 하여 신고·납부하게 됩니다.

과세기간	신고납부기간	신고대상자
1.1 ~ 12.31	다음해 1.1 ~ 1.25	개인 간이사업자

Q: "임대계약서 작성 후 월세 납부일이 휴일이면 언제 입금해요?
연체하면요?"

A: "그런 건 계약서를 작성할 때 미리 적어 놓아야 해. 나는 월세 납부
일이 휴무일 경우, 그다음 영업일에 납부하게 계약서에 적어 뒀어.
연체할 때는 법정 최고금리를 적용한다고 적어뒀고. 어차피 그 이
상으로 하면 불법이잖아.

Q: "만약에 빈번하게 연체되면 그때마다 연락을 하나요?"

A: "나는 연체가 잦아도 전화를 하거나 메시지를 보내기엔 마음이 편하지 않더라고. 그래서 나는 그 날에 세금계산서를 발행하는 편이야. 세금계산서를 발행하면 자연스럽게 월세 납부일인 것이 상기되잖아. 그렇게 우회적으로 표현하는 편이지."

Q: "특약에는 그것만 넣으면 되나요?"

A: "난 그렇게 하고 있는데 주변에 보니까 교통유발금도 많이 넣더라. 분양면적 약 300평 이상 시설물 중에서 약 48평 이상인 시설물의 소유자는 도시교통정비촉진법에 의해서 교통 유발 부담금을 내야 하거든. 근데 이게 또 실사용을 안 하면 안 내도 되는 세금이라서 임차인에게 전가하는 경우도 많아. 그렇기 때문에 미리 협의하고 해당하는 금액을 월세에 포함시켜 특약사항에 명기해야 돼."

Q: "매입할 때 큰 거 하나 사는 게 나은 거예요? 아니면 작은 거 두 개가 나은 거예요?"

A: "장단점이 있어. 큰 것은 대부분 코너인 경우가 많은데 그러면 아까 말한 서비스면적이 강점이지. 그것 말고도 작은 것보다는 큰 것 하나가 공급이 적으니까 해당 평수를 원하는 사람이라면 선호할 수 있어. 작은 것 여러 개는 그만큼 많은 호실이 공급되기 때문에 임차가 더 힘들 수도 있지. 다만 작은 것도 붙어 있으면 벽체를 뜯어서 하나의 호실로 합칠 수가 있어."

Q: "그러면 큰 것도 나눌 수 있지 않아요?"

A: "맞아. 큰 것도 나눌 수 있지. 그런데 그렇게 되면 문을 따로 둬야 하고. 문을 나누기 위해서는 또 전실이 필요하고, 그만큼 면적손실로 이어지기 때문에 많이 하지는 않아."

Q: "그렇게 보면 차라리 공유 오피스는요?"

A: "입주 가능업종으로만 하면 공유 오피스도 수익률을 극대화하는 방법 중 하나야. 여러 개의 사업체를 받아서 공유 오피스로 제공하고, 또 어떤 회사는 사업지 주소만 빌려주고 월 얼마씩 받기도 하더라고."

Q: "작은 것 두 개의 중도금 대출을 받으면 은행에서는 한 개로 인식하나요?"

A: "그건 은행마다 지점마다 달라서 그때 확인해 봐야 할 거 같다."

Q: "계속 지식산업센터에 대해서만 물어봤는데 업무지원시설은
투자 목적으로 어때요?"

A: "업무지원시설은 공장대비 대출이 적게 나오지. 그 대신 입주 업종이
자유롭다는 강점이 있어. 한 현장의 업무지원시설 호실 개수를 파악
해서, 수가 적고 그 현장에 있는 사업체와의 협업만으로 매출이 나
올 것 같으면 진행해도 좋아. 대표적으로 성수동에 창고를 임대 줘
서 수익률을 꾸준히 가져가는 분도 있고, 골프연습장을 개설해서 회
사원들을 상대로 영업하는 곳도 있거든. 연습장은 레슨 위주인데 대
기가 1년이 넘더라. 늘 수요와 공급관점에서 살펴보면 편해."

Q: "이해했어요. 근데 매매했을 때 임차인이 있으면 대출 비율이 내려간다던데 맞나요?"

A: "맞아. 임대사업자 대출을 받게 되면 60% 정도밖에 안 나와. 실입주 기업이 아니라 임대사업자로 보니까."

Q: "이해가 좀 됩니다. 근데 제가 직장인이라서 건강보험료도 신경 쓰이는데 추가 부담금 좀 알려줘요."

A: "꼼꼼한데? 근로소득 제외하고 연 소득이 2천만 원을 넘어가면 건강보험료를 추가로 내야 하지. 21년 기준으로 건강보험료율은 6.86%로 알고 있어. 소득의 종류에 따라서 감면해주는 것도 있지만, 지식산업센터는 당연히 해당하지 않지. 장기요양보험료도 추가되는데 건강보험료의 11.52%로 보면 돼."

Q: "앞으로 전망이나 그런 거 좀 이야기해줘요."

A: "지식산업센터는 인기가 한동안은 계속 오를 것 같아. 일단 주택에
투자하던 사람들이 많이 몰려왔지. 지식산업센터는 사업체라 대출
규제도 쉽지 않을 거고. 국민 정서와도 크게 상관없어. 주택은 기
본 의식주에 해당하지만, 지식산업센터는 아니거든. 요즘 최저 시
급이 올라가고, 주말근무가 없어지면서 건설 인건비가 엄청 많이
올랐어. 심지어 레미콘회사는 평일에만 물품을 대주거든. 그뿐만
아니라, 건축 원자재 자체가 가격이 많이 올라서 건설비용이 급상
승했지. 토지는 또 어때? 토지주가 시행에 대해서 알기 시작하니
까 시행이익이 어느 정도 반영된 가격을 원하고 있어. 그래서 토
지가격도 치솟았지. 이렇게 되면 분양가는 오를 거고 그러면 기존
에 분양된 것들도 거기에 맞춰서 시세가 오르겠지. 지역으로 보면
영등포는 여의도 증권가와 관련 있거나 목동, 마포에 거주하는 사
장들이 많이 진입할 거야. 성수동은 강남이나 광진구 쪽 사람들
이 많이 오겠지. 아직도 강남에 비해서는 성수가 절반 가격이기 때
문에 실제로 강남에서 이주하는 수요가 많다고 해. 나도 강남에서
넘어온 거고. 그리고 기존에 성동에서 사업하던 신발 공장과 인쇄
소도 넘쳐나지. 그분들이 돈 많이 버셨을 거야. 마곡은 서울시에서

밀어주면서 강서 일산 쪽 사장님이 대거 들어올 거야. 그리고 이번에 L사에서 개발에 참여하면서 대기업 협력사와 몇몇 지점들도 꽤 들어오는 거 같더라. 이 정도가 향후 지식산업센터의 흐름일 거 같은데? 공통점은 그 지역 사장님들이 다 돈이 많다는 것이지."

Q: "지식산업센터 정보는 어디에서 얻나요?"

A: "모든 건 다 발품이지. 요즘엔 발품보다 스마트폰 품이려나? 카카오톡 단체방, 블로그, 카페, 유튜브, 길거리에 뿌려져 있는 전단지 등으로 정보를 얻어. 그리고 여기저기 내 정보를 뿌려두면 영업사원들한테서 전화도 많이 오고."

Q: "공부는 무엇부터 할까요? 저도 전문가가 되고 싶어요."

A: "제일 좋은 것은 관련업을 하는 것이지만 그건 힘들잖아. 그러면 관심을 갖는 것이 제일 중요해. 책보고 유튜브 보고. 하지만 일단 네 돈이 들어가야 정말 제대로 공부가 돼. 나도 내가 투자하기 직전에 공부를 제일 많이 하고 또 고민하게 되거든. 돈이 들어가고 아니고는 공부의 질에 있어서 차이가 크니까 작은 것이라도 한 번 해봐."

Q: "부동산은 임장이잖아요. 임장 가면 무엇을 봐야 해요?"

A: "가장 중요한 건 역세권이지. 역에서 회사와의 거리가 가까운지 측정해봐야 돼. 지도로만 보지 말고 한 번 걸어보는 거지. 그리고 주변 먹거리와 유흥도 한 번 둘러봐. 회식 혹은 퇴근 후 저녁이라도 먹을 곳이 제대로 형성되어 있으면 훨씬 좋지. 성수동이 그런 게 기가 막혀. 신축이면 개별 공장들은 면적을 얼마나 쓰고 있는지, 지식산업센터로 옮겨도 괜찮을 층고와 크기를 가지고 있는지, 입주허용 업종인지, 얼마나 노후되어 있는지, 사장님들의 의견은 어떤지를 살펴보면 좋지. 구축 지식산업센터는 차로 램프를 돌아보면서 차량 진·출입을 체크해. 옥상이나 정원도 돌아보고. 그다음에 1층에서 입주 현황표를 보면서 입주율을 확인해 본 뒤에 관리실에 방문해서 실제 반응을 보는 것도 좋아. 마지막으로 부동산에 가서 시세를 알아보면 임장은 마무리되는 거야.

Q: "지식산업센터 구축도 재건축이 될까요?"

A: "그건 힘들 거야. 용적률이 엄청나게 많이 남았으면 몰라도 그런 경우는 거의 없거든. 그리고 워낙 많은 기업이 들어오기 때문에 기업들을 빼는 것, 즉 명도문제가 걸려서 어려워. 그래서 연면적이 큰 지식산업센터가 좋은 거야. 연면적이 크면 건물 관리가 잘 되거든. 극단적으로 한 호실당 만 원씩 만개의 호실이 내는 것과 이만 원씩 열 개의 호실이 내는 것이 건물 유지관리 비용 자체가 달라지잖아.""

Q: "지식산업센터를 임차할 때나 실입주할 때 인테리어가 필요한데, 인테리어 공사를 싸게 할 수 있는 방법도 좀 알려줘요."

A: "인테리어 공사를 저렴하게 하는 방법은 직접 공사하는 거야. 사실 그건 현실적으로 어렵지. 건축지식이 전무하다고 가정한다면 그 회사는 도면을 그릴 회사를 먼저 찾아야 해. 도면을 명확히 그려두고 물량을 산출해 달라고 하는 거지. 그 뒤 대여섯 개의 인테리어 회사에 비교견적을 받으면 비용 절감에 도움이 돼. 아무런 기준 없이 인테리어 견적을 받게 되면, 자재나 각종 요소에 따라 가격이 천차만별이 되거든. 저렴하게 계약했지만, 전부 싸구려 자재들을 사용할 수도 있어. 혹은 덤터기 맞을 수도 있고. 그래서 설계하고 물량을 받은 뒤에 그걸 기반으로 최저가 회사를 구하는 거지. 이미 내역 계약을 했기 때문에 해당 자재를 사용하지 않으면 시정을 요구할 수도 있어. 사실 이게 대기업에서 인테리어 공사를 발주 내는 방식이야."

Q: "셀프로 할 때는요?"

A: "셀프로 할 때는 기본적으로 자재를 얻어 쓰는 것이 중요해. 나는 준공 후 첫 입주라서 관리사무소에서 자잘한 건 많이 빌려 썼거든. 웬만한 건 직접하고, 고급기술이 필요하면 인력사무소에서 사람을 고용해서 지시하면 돼. 뭐 직거래라고 볼 수 있지. 그런데 괜히 돈 아끼려고 직접 인테리어하다가 실내 디자인도 실패하고, 또 고용한 인부들의 통제도 어려워 공사가 망하는 경우 많으니 되도록 인테리어 회사에 맡겨."

Q: "덕분에 많이 배웠어요. 투자에 대한 마지막 조언 부탁해요."

A: "어떤 투자든 무리하면 안 돼. 흔히 '영끌'이라고 하잖아? 영끌을 하는 순간 객관적인 판단력이 사라져. 영혼까지 끌어모아서 구매 했는데 임차가 안 나가면? 1년 뒤에 오를 것 같더라도 몇 달을 못 버티고 손해를 보고 팔아야 하는 거야. 부동산은 특히 환금성이 낮아. 내가 급전이 필요하면 무척 싸게 매물을 내놓지 않는 이상 은 팔리는 데 꽤 긴 시간이 소요된다는 말이야. 그러니까 부동산은 특히 영끌이 위험하지. 투자를 할 때는 스스로 지식산업센터에 왜 투자하는지 물어봐야 해. 나는 수익형 부동산이기 때문에 투자한 거야. 우리가 돈을 많이 벌려는 이유는 돈으로 스트레스 받기 싫 어서잖아. 그런데 다른 투자처는 계속 스트레스를 받는 거야.. 주 식은 매일매일 차트를 봐야 하고, 인세도 매달 책이 팔리는 현황 에 구애되니까. 점점 줄어들기도 하고. 하지만 수익형 부동산은 주 식만큼 변동성이 없다는 점이 좋아. 토지는 한정되어 있으니까 장 기적으로 보면 상승할 가능성이 더 크지. 월세도 대부분 오르긴 해도 줄지는 않잖아? 그러니까 한 번 투자하고 난 뒤에는 신경을 안 쓸 수 있더라고. 정말 돈으로부터 독립하는 거지. 돈에서 자유 롭고 싶어서 돈을 더 버는 건데 돈을 더 버는 걸로 스트레스를 받

는 것은 아이러니하잖아. 내 기준에서 가장 좋은 파이프라인은 돈에서 자유롭게 해주는 지식산업센터라고 판단했지. 그다음 조언은 '왜 그 지역인가'야. 그 지역의 장점과 단점은 무엇이고, 향후 어떤 방식으로 개발될지, 어떤 사업을 영위하는 입주자로 채워질 건지 등등은 다양한 정보를 통해 혼자 고민해 보는 수밖에 없어. 이러한 판단력을 기르기 위해선 신문을 꾸준히 보는 것도 도움이 되지. 세상이 돌아가는 흐름을 알고 있어야 기회가 왔을 때 그게 기회인지 알 수가 있어. 내 이야기를 예로 들면 개발 가능성이 풍부한 매물 전매 제안이 왔었던 적이 있었거든? 딱 10분 고민하고 진행하겠다고 대답했는데, 누군가 이미 채갔더라. 지금 생각해도 정말 좋은 물건인데, 준비가 안되서 놓친 경우였지. 만약 미리 고민을 하고 분석을 마쳤다면 기회를 모두 잡을 수 있었을 거야. 그렇다고 너무 조급해하지는 마. 방금의 10분 이야기는 정말 극단적인 사례이고, 공부만 충분하면 언제든 좋은 기회는 잡을 수 있어."